l'école

škola

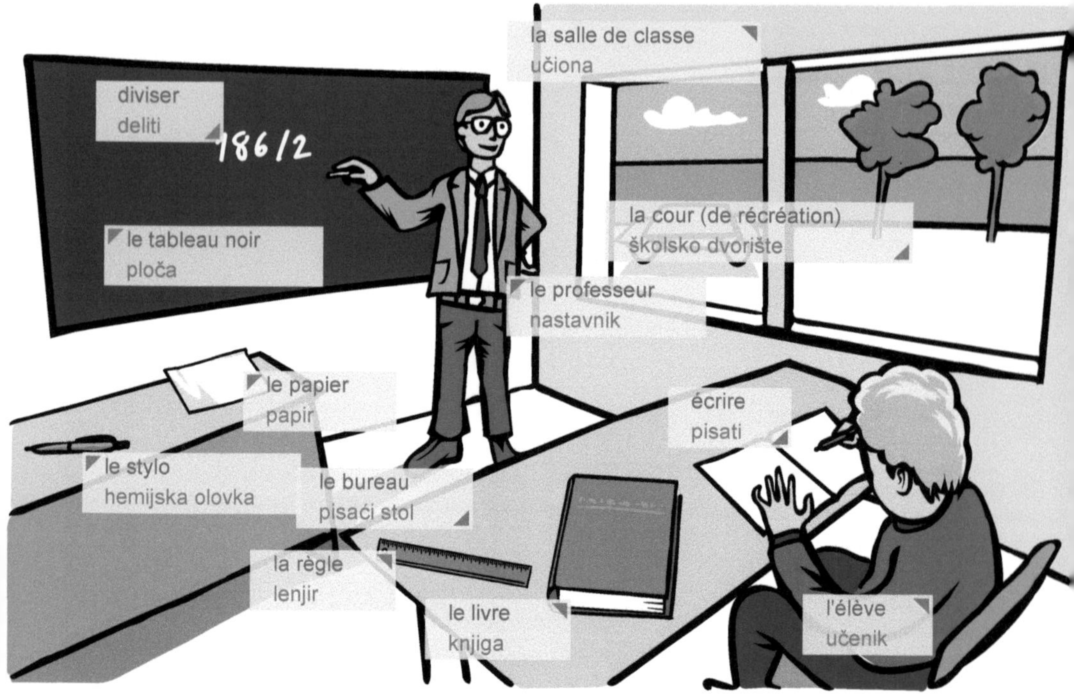
la salle de classe
učiona
diviser
deliti
186/2
le tableau noir
ploča
la cour (de récréation)
školsko dvorište
le professeur
nastavnik
le papier
papir
écrire
pisati
le stylo
hemijska olovka
le bureau
pisaći stol
la règle
lenjir
le livre
knjiga
l'élève
učenik

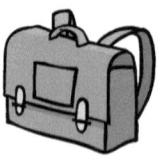

le cartable

torba

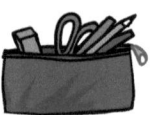

la trousse

pernica

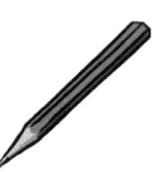

le crayon

grafitna olovka

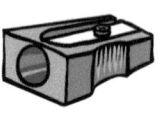

le taille-crayon

šiljilo za olovke

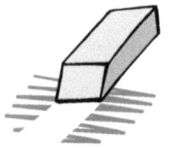

la gomme

gumica za brisanje

le carnet à dessin

blok za crtanje

le dessin

crtež

le pinceau

kist

la boîte de peinture

kutija sa bojama

les ciseaux

makaze

la colle

lepilo

le cahier d'exercices

beležnica

les devoirs

domaći zadatak

le chiffre

broj

additionner

sabirati

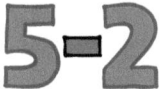

soustraire

oduzimati

multiplier

množiti

calculer

računati

la lettre

slovo

l'alphabet

abeceda

le mot

reč

le texte

tekst

lire

čitati

la craie

kreda

la leçon

čas

le livre de classe

dnevnik

l'examen

ispit

le certificat

svedočanstvo

l'uniforme scolaire

školska uniforma

la formation

obrazovanje

le lexique

leksikon

l'université

univerzitet

le microscope

mikroskop

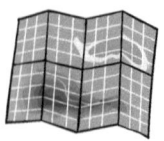

la carte

karta

la corbeille à papier

košara za papir

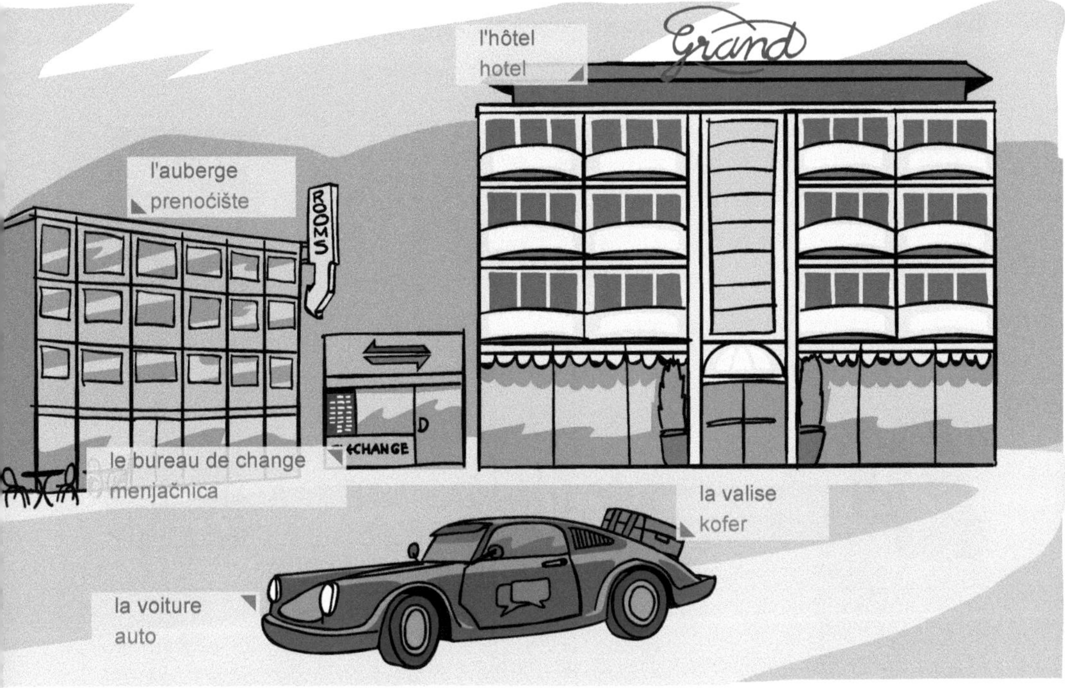

l'hôtel
hotel
Grand
l'auberge
prenoćište
ROOMS
CHANGE
le bureau de change
menjačnica
la valise
kofer
la voiture
auto

la langue

jezik

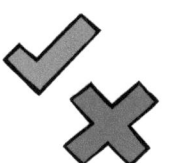

oui / non

da / ne

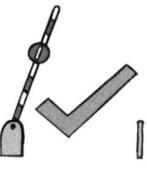

d'accord

okej

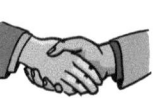

Salut

zdravo

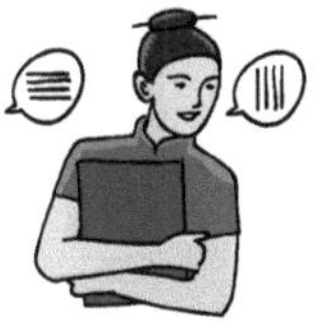

l'interprète

prevodilac

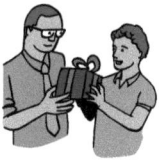

merci

hvala

Combien coûte...?

Koliko košta...?

Je ne comprends pas

ne razumem

le problème

problem

Bonsoir !

dobro veče!

Bonjour !

Dobro jutro!

Bonne nuit !

Laku noć!

Au revoir

doviđenja

la direction

smer

les bagages

prtljaga

le sac

torba

le sac-à-dos

ruksak

l'hôte

gost

la pièce

soba

le sac de couchage

vreća za spavanje

la tente

šator

l'office de tourisme

turističke informacije

la plage

plaža

la carte de crédit

kreditna kartica

le petit-déjeuner

doručak

le déjeuner

ručak

le dîner

večera

le billet

karta za vožnju

l'ascenseur

lift

le timbre

poštanska markica

la frontière

granica

la douane

carina

l'ambassade

ambasada

le visa

viza

le passeport

pasoš

le transport
transport

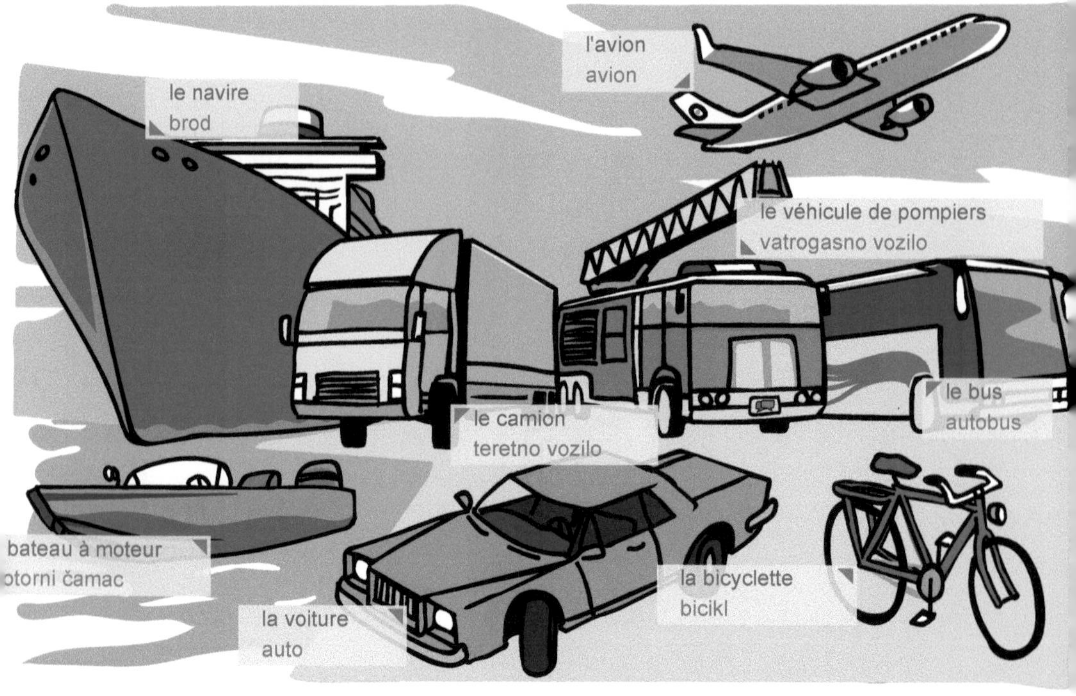

l'avion
avion
le navire
brod
le véhicule de pompiers
vatrogasno vozilo
le bus
autobus
le camion
teretno vozilo
bateau à moteur
otorni čamac
la bicyclette
bicikl
la voiture
auto

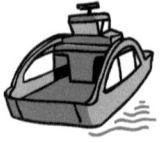

le ferry

trajekt

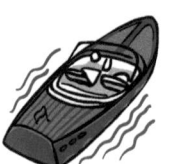

la barque

čamac

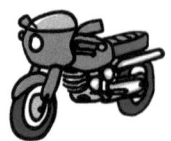

la moto

motocikl

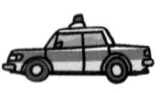

la voiture de police

policijski auto

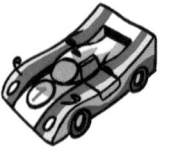

la voiture de course

trkaći auto

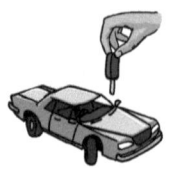

la voiture de location

iznajmljeno auto

l'auto-partage

delenje automobila

la voiture de remorquage

vučno vozilo

la benne à ordures

vozilo za odvoz smeća

le moteur

motor

l'essence

benzin

la station d'essence

benzinska stanica

le panneau indicateur

saobraćajni znak

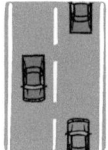

le trafic

saobraćaj

l'embouteillage

zastoj

le parking

parkiralište

la gare

železnička stanica

les rails

šine

le train

voz

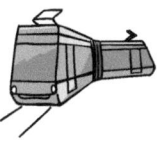

le tramway

tramvaj

le wagon

vagon

l'hélicoptère
helikopter

l'aéroport
aerodrom

la tour
kula

le passager
putnik

le conteneur
kontejner

le carton
karton

le chariot
kolica

la corbeille
korpa

décoller / atterrir
uzleteti / sleteti

la ville
grad

le village
selo

le centre-ville
centar grada

la maison
kuća

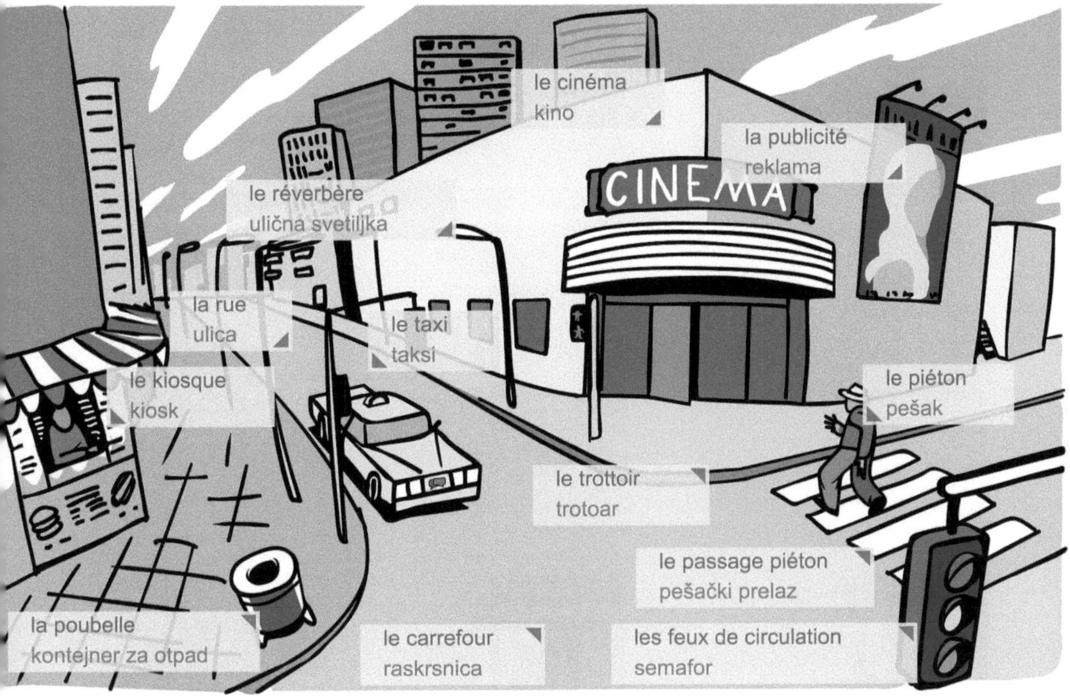

le cinéma
kino

la publicité
reklama

le réverbère
ulična svetiljka

CINEMA

la rue
ulica

le taxi
taksi

le piéton
pešak

le kiosque
kiosk

le trottoir
trotoar

le passage piéton
pešački prelaz

la poubelle
kontejner za otpad

le carrefour
raskrsnica

les feux de circulation
semafor

la cabane
koliba

l'appartement
stan

la gare
železnička stanica

la mairie
većnica

le musée
muzej

l'école
škola

l'université

univerzitet

la banque

banka

l'hôpital

bolnica

l'hôtel

hotel

la pharmacie

apoteka

le bureau

kancelarija

la librairie

knjižara

le magasin

prodavnica

le fleuriste

cvećara

le supermarché

supermarket

le marché

trg

le grand magasin

robna kuća

la poissonnerie

ribarnica

le centre commercial

trgovački centar

le port

luka

le parc

park

la banque

klupa

le pont

most

les escaliers

stepenice

le métro

podzemna železnica

le tunnel

tunel

l'arrêt de bus

autobuska stanica

le bar

bar

le restaurant

restoran

la boîte à lettres

poštansko sanduče

le panneau indicateur

ulični znak

le parcmètre

parkirni automat

le zoo

zoološki vrt

le réverbère

bazen

la mosquée

džamija

la ferme

seosko gazdinstvo

la pollution

zagađenje okoline

la cimetière

groblje

l'église

crkva

l'aire de jeux

igralište

le temple

hram

le paysage
pejsaž

la feuille
list

le panneau indicateur
putokaz

le chemin
put

le pré
livada

la pierre
kamen

le randonneur
šetač

l'arbre
drvo

la rivière
reka

l'herbe
trava

la fleur
cvijet

la vallée
dolina

la montagne
planina

le lac
jezero

la forêt
šuma

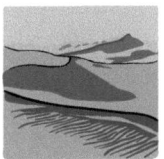

le désert
pustinja

le volcan
vulkan

le château
dvorac

l'arc-en-ciel
duga

le champignon
gljiva

le palmier
palma

le moustique
moskito

la mouche
muva

les fourmis
mrav

l'abeille
pčela

l'araignée
pauk

le coléoptère

buba

la grenouille

žaba

l'écureuil

veverica

le hérisson

jež

le lièvre

zec

la chouette

sova

l'oiseau

ptica

le cygne

labud

le sanglier

divlja svinja

le cerf

jelen

l'élan

los

le barrage

nasip

l'éolienne

vetrenjača

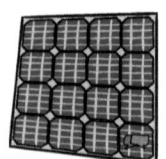

le panneau solaire

solarna ploča

le climat

klima

le restaurant

restoran

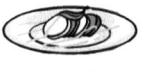

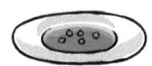

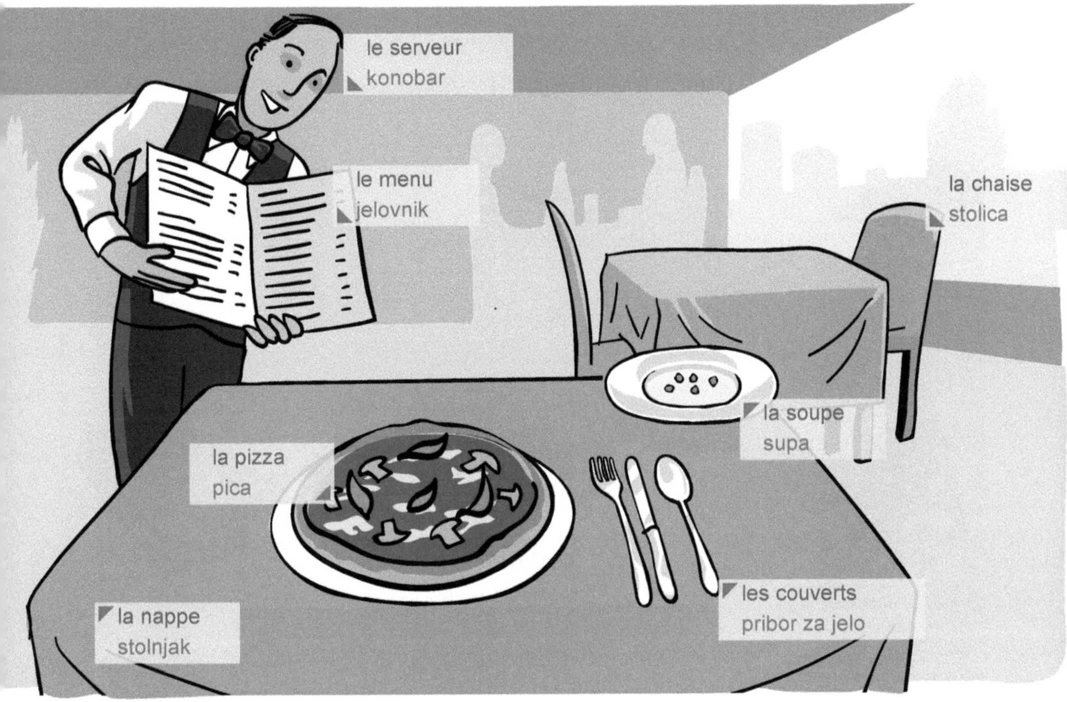
le serveur
konobar
le menu
jelovnik
la chaise
stolica
la soupe
supa
la pizza
pica
les couverts
pribor za jelo
la nappe
stolnjak

les hors d'œuvre

predjelo

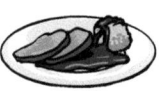

le plat principal

glavno jelo

le dessert

desert

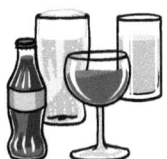

les boissons

napitci

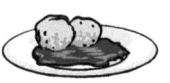

l'alimentation

jelo

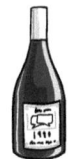

la bouteille

flaša

le fast-food

brza hrana

les plats à emporter

imbis hrana

la théière

čajnik

le sucrier

doza za šećer

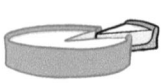

la portion

porcija

la machine à expresso

aparat za espresso

la chaise haute

visoka stolica

la facture

račun

le plateau

poslužavnik

le couteau

nož

la fourchette

viljuška

la cuillère

kašika

la cuillère à thé

čajna kašika

la serviette

salveta

le verre

čaša

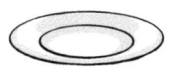

l'assiette

tanjir

l'assiette à soupe

tanjir za supu

la soucoupe

tanjirić

la sauce

sos

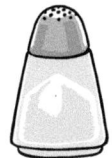

la salière

soljenka

le moulin à poivre

mlin za biber

le vinaigre

sirće

l'huile

ulje

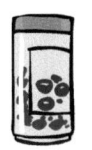

les épices

začini

le ketchup

kečap

la moutarde

senf

la mayonnaise

majoneza

le supermarché
supermarket

l'offre promotionnelle
ponuda
FOR
le client
kupac
les produits laitiers
mlečni proizvodi
les fruits
voće
le chariot
kolica za kupovinu

BUTCHERS

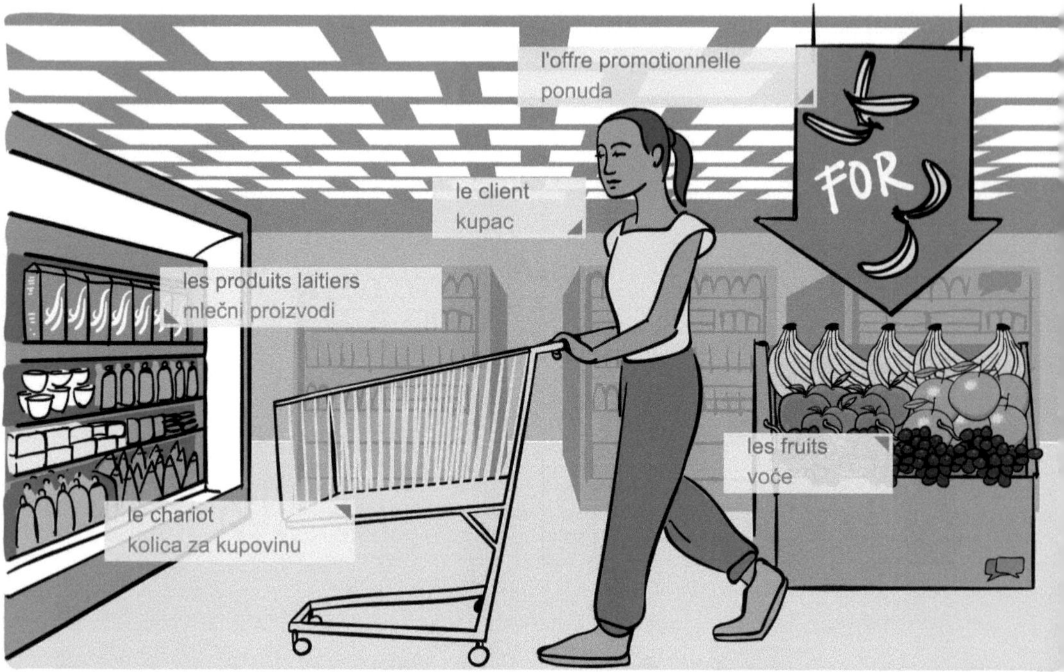

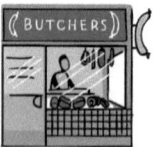

la boucherie

mesnica

BAKERY

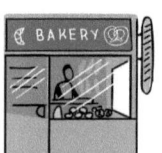

la boulangerie

pekara

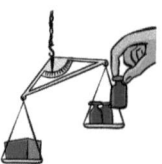

peser

vagati

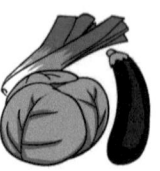

les légumes

povrće

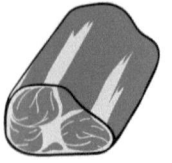

la viande

meso

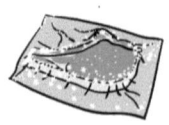

les aliments surgelés

smrznuta hrana

la charcuterie

narezak

les conserves

konzerve

la poudre à lessive

sredstvo za pranje

les bonbons

slatkiši

les articles ménagers

artikli za domaćinstvo

les détergents

sredstva za čišćenje

la vendeuse

prodavačica

la caisse

blagajna

le caissier

blagajnik

la liste d'achats

lista za kupovinu

les heures d'ouverture

vreme rada

le portefeuille

novčanik

la carte de crédit

kreditna kartica

la carte de crédit

kreditna kartica

le sac

torba

le sac en plastique

plastična kesa

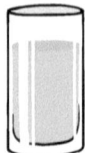

l'eau

voda

le jus de fruit

sok

le lait

mleko

le coca

kola

le vin

vino

la bière

pivo

l'alcool

alkohol

le chocolat chaud

kakao

le thé

čaj

le café

kava

l'expresso

espresso

le cappuccino

cappuccino

la banane

banana

la pomme

jabuka

l'orange

narandža

le melon

lubenica

le citron.

limun

la carotte

šargarepa

l'ail

beli luk

le bambou

bambus

l'oignon

luk

le champignon

gljiva

les noisettes

orašasti plodovi

les pâtes

rezanci

les spaghetti

špagete

le riz

riža

la salade

salata

les pommes frites

pomfrit

les pommes de terre rôties

pečeni krumpir

la pizza

pica

le hamburger

hamburger

le sandwich

sendvič

l'escalope

šnicla

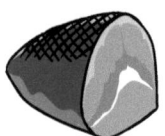

le jambon

šunka

le salami

salama

la saucisse

kobasica

le poulet

kokoš

le rôti

pečenje

le poisson

riba

les flocons d'avoine

zobene pahuljice

le muesli

musli

les cornflakes

kukuruzne pahuljice

la farine

brašno

le croissant

kroasan

les petits-pains

pecivo

le pain

hleb

le pain grillé

toast

les biscuits

keksi

le beurre

maslac

le fromage blanc

sveži sir

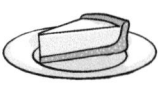

le gâteau

kolač

l'œuf

jaje

l'œuf au plat

jaje na oko

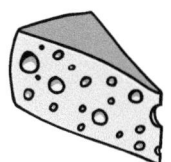

le fromage

sir

la glace

sladoled

le sucre

šećer

le miel

med

la confiture

marmelada

la crème nougat

nugat krema

le curry

kari

la ferme
seosko gazdinstvo

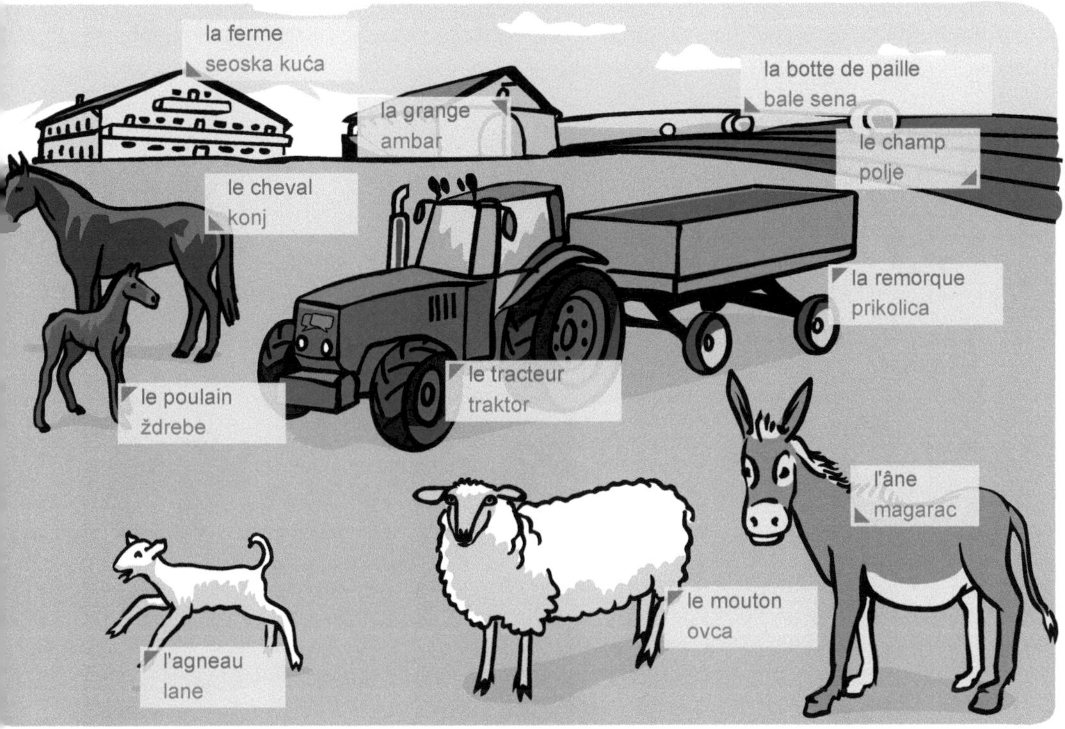

la ferme
seoska kuća
la grange
ambar
la botte de paille
bale sena
le champ
polje
le cheval
konj
la remorque
prikolica
le tracteur
traktor
le poulain
ždrebe
l'âne
magarac
le mouton
ovca
l'agneau
lane

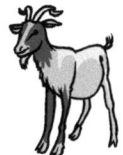

la chèvre
koza

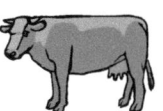

la vache
krava

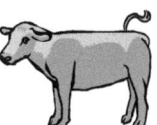

le veau
tele

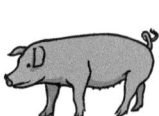

le porc
svinja

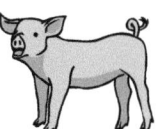

le porcelet
prase

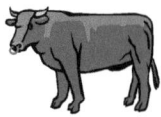

le taureau
bik

l'oie

guska

le canard

patka

le poussin

pilići

la poule

kokoš

le coq

petao

le rat

pacov

le chat

mačka

la souris

miš

le bœuf

vol

le chien

pas

le chenil

kućica za psa

le tuyau de jardin

vrtno crevo

l'arrosoir

kanta za polivanje

la faucheuse

kosa

la charrue

plug

la faucille

srp

la pioche

motika

la fourche

viljuška za đubrivo

la hache

sekira

la brouette

tačke

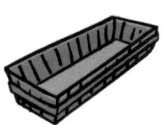

la cuve

korito

le pot à lait

posuda za mleko

le sac

vreća

la clôture

ograda

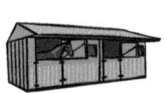

l'étable

štala

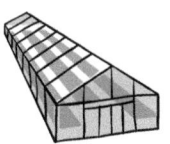

le serre

staklenik

le sol

zemlja

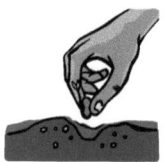

les semences

seme

l'engrais

đubrivo

la moissonneuse-batteuse

kombajn

récolter

žeti

la récolte

žetva

l'igname

jams začin

le blé

pšenica

le soja

soja

la pomme de terre

krumpir

le maïs

kukuruz

le colza

uljana repica

l'arbre fruitier

voćka

le manioc

gomolj manioke

les céréales

žitarice

la maison
kuća

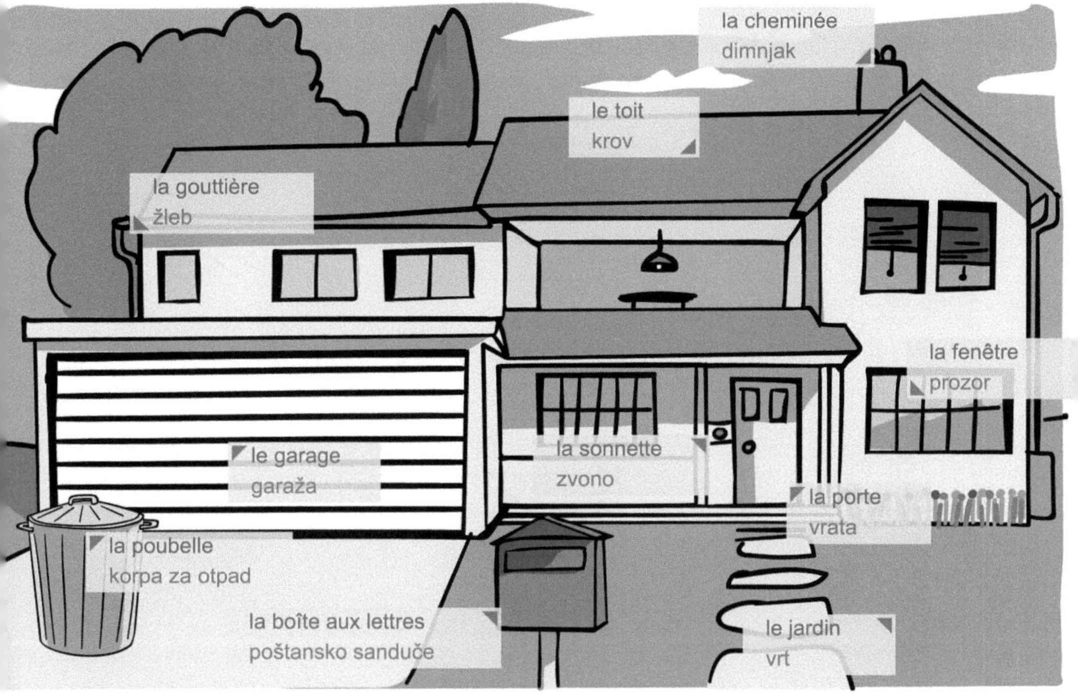
la cheminée
dimnjak
le toit
krov
la gouttière
žleb
la fenêtre
prozor
le garage
garaža
la sonnette
zvono
la porte
vrata
la poubelle
korpa za otpad
la boîte aux lettres
poštansko sanduče
le jardin
vrt

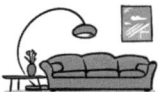

le salon
dnevna soba

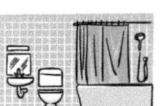

la salle de bain
kupaonica

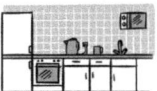

la cuisine
kuhinja

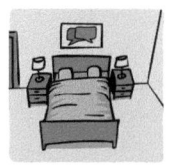

la chambre à coucher
spavaća soba

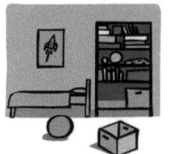

la chambre d'enfant
dečija soba

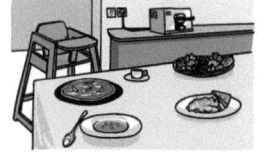

la salle à manger
trpezarija

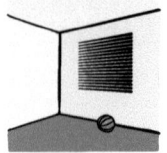

le sol

pod

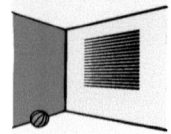

le mur

zid

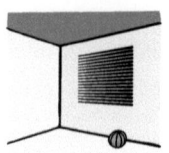

le plafond

strop

la cave

podrum

le sauna

sauna

le balcon

balkon

la terrasse

terasa

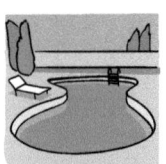

la piscine

bazen

la tondeuse à gazon

kosilica za travu

la housse

posteljina za krevet

la couette

deka za krevet

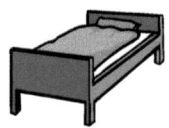

le lit

krevet

le balai

metla

le sceau

kanta

l'interrupteur

prekidač

le salon
dnevna soba

le papier peint
tapeta
l'image
slika
la lampe
svetiljka
l'étagère
regal
l'armoire
ormar
la télé
televizija
la cheminée
kamin
la fleur
cvijet
le coussin
jastuk
le sofa
kauč
le vase
vaza
la télécommande
daljinski upravljač

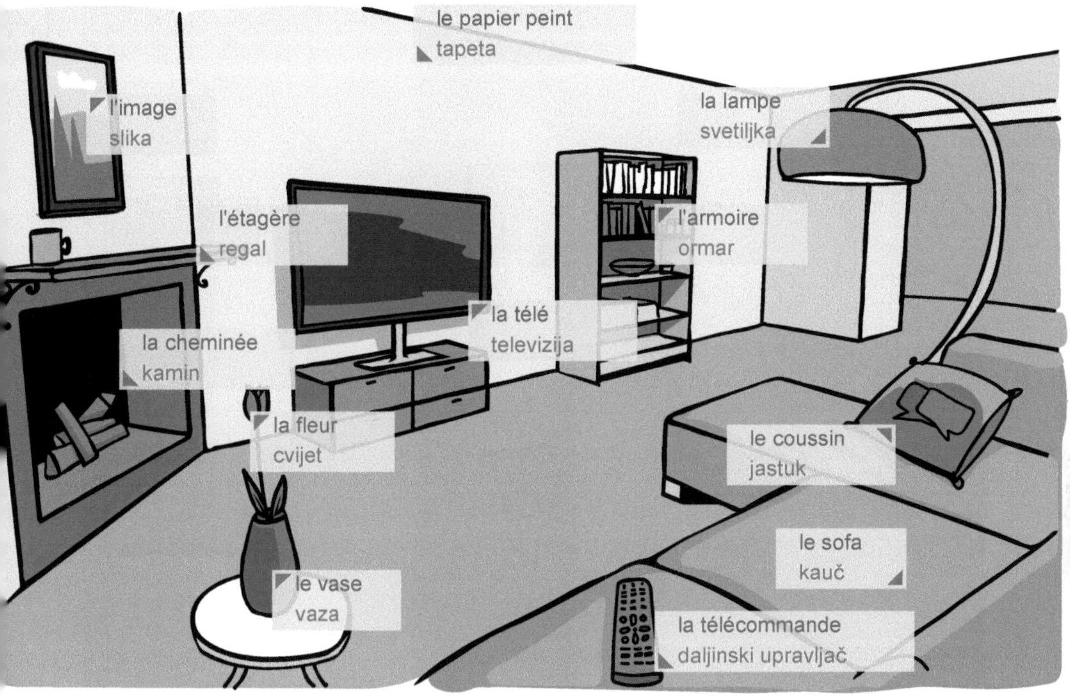

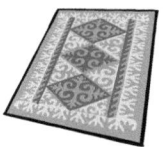

le tapis

tepih

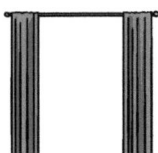

le rideau

zavesa

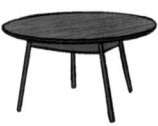

la table

sto

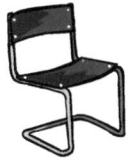

la chaise

stolica

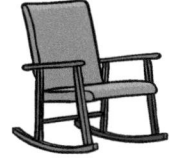

la chaise à bascule

stolica za njihanje

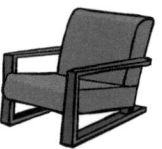

le fauteuil

fotelja

le livre

knjiga

la couverture

deka

la décoration

dekoracija

le bois de chauffage

drvo za ogrev

le film

film

la chaîne hi-fi

hi-fi uređaj

la clé

ključ

le journal

novine

la peinture

slika na platnu

le poster

poster

la radio

radio

le bloc-notes

blok za pisanje

l'aspirateur

usisivač

le cactus

kaktus

la bougie

sveća

la cuisine
kuhinja

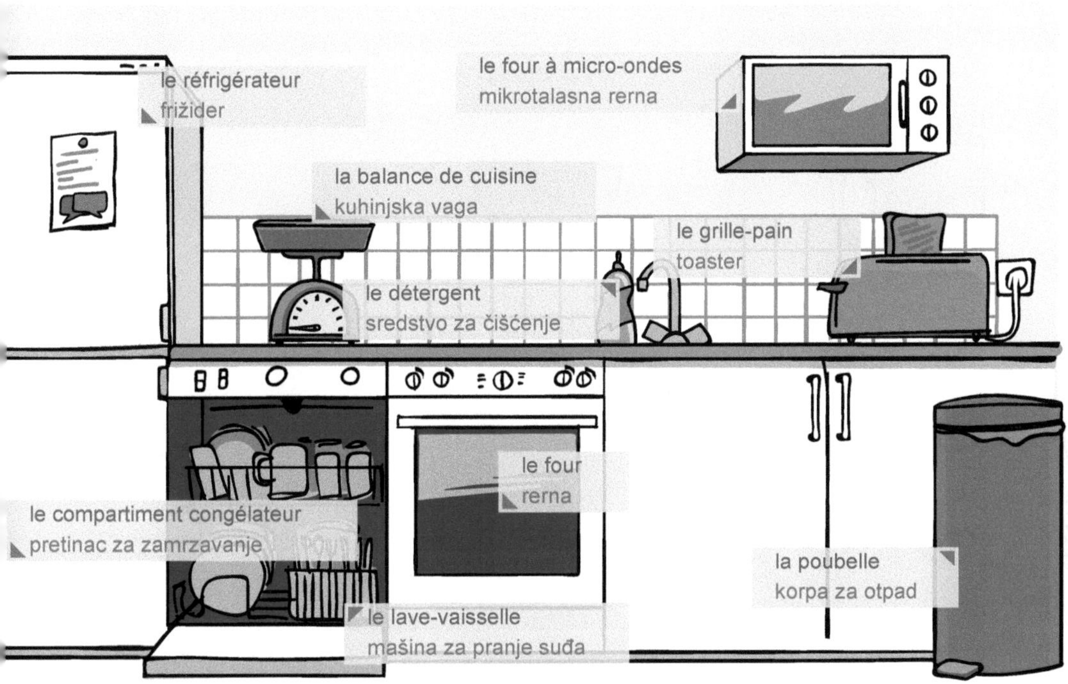

le réfrigérateur
frižider
le four à micro-ondes
mikrotalasna rerna
la balance de cuisine
kuhinjska vaga
le grille-pain
toaster
le détergent
sredstvo za čišćenje
le four
rerna
le compartiment congélateur
pretinac za zamrzavanje
la poubelle
korpa za otpad
le lave-vaisselle
mašina za pranje suđa

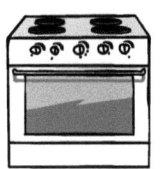

le four

šporet

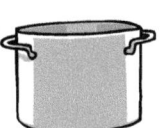

la casserole

lonac

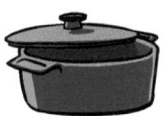

la marmite

gvozdeni lonac

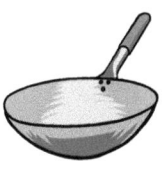

le wok / kadai

wok / kadai

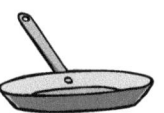

la poêle

tava

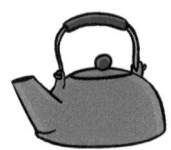

la bouilloire electrique

kuvalo za vodu

le cuiseur vapeur

kuvalo na paru

la plaque de cuisson

lim za pečenje

la vaisselle

posuđe

le gobelet

čaša

la coupe

posuda

les baguettes

štapići za jelo

la louche

kutlača

la spatule

lopatica

le fouet

penjača

la passoire

sito za kuvanje

le tamis

sito

la râpe

ribež

le mortier

mužar

le barbecue

roštilj

la cheminée

ognjište

la planche à découper

daska

le rouleau à pâtisserie

oklagija

le tire-bouchon

vadičep

la boîte

konzerva

l'ouvre-boîte

otvarač konzervi

les maniques

krpa za lonac

le lavabo

sudoper

la brosse

četka

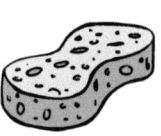

l'éponge

sunđer

le mixeur

mikser

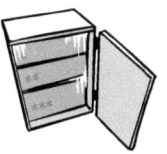

le congélateur

zamrzivač

le biberon

flašica za bebe

le robinet

slavina za vodu

la salle de bain

kupaonica

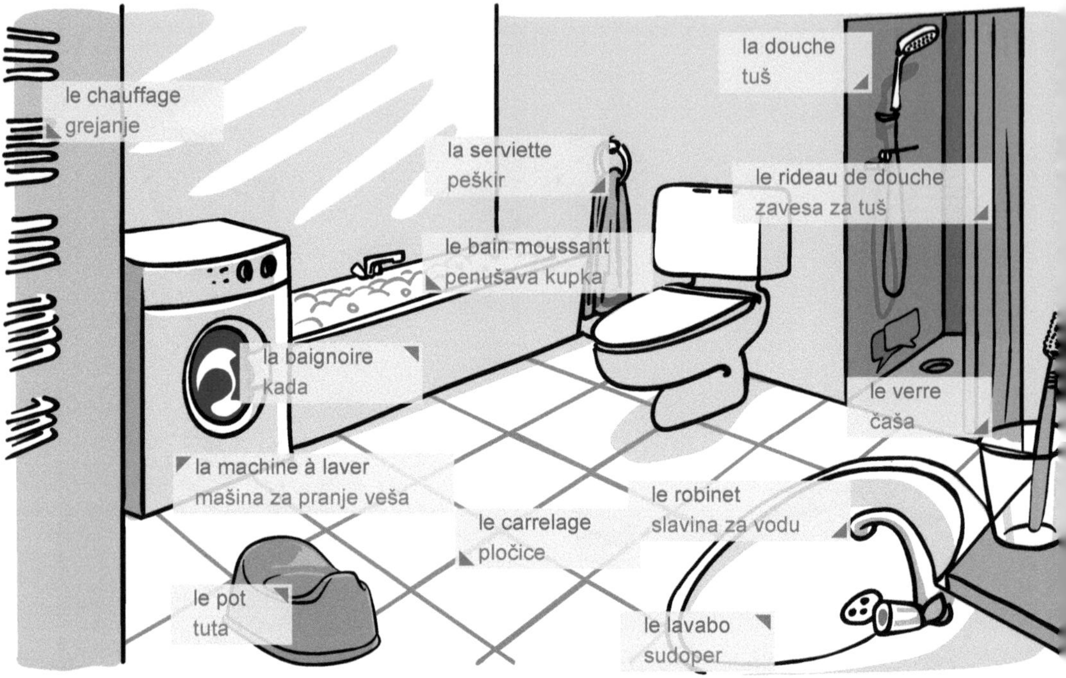
le chauffage
grejanje
la serviette
peškir
la douche
tuš
le rideau de douche
zavesa za tuš
le bain moussant
penušava kupka
la baignoire
kada
le verre
čaša
la machine à laver
mašina za pranje veša
le robinet
slavina za vodu
le carrelage
pločice
le pot
tuta
le lavabo
sudoper

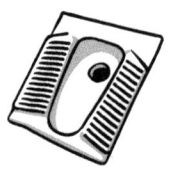

les toilettes

toalet

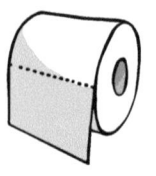

la toilette à la turque

čučavac

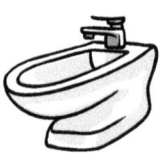

le bidet

bidet

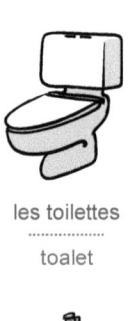

l'urinoir

pisoar

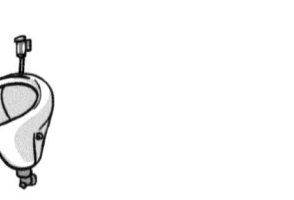

le papier toilette

toaletni papir

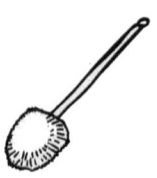

la brosse à toilette

četka za toalet

la brosse à dents

četkica za zube

le dentifrice

pasta za zube

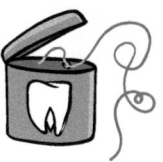

le fil dentaire

konac za zube

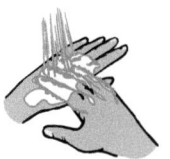

laver

prati

la douche manuelle

tuš ručica

la douche intime

tuš za pranje intimnih delova

la vasque

lavor

la brosse dorsale

četka za pranje leđa

le savon

sapun

le gel douche

gel za tuširanje

le shampooing

šampon

le gant de toilette

krpa za pranje

l'écoulement

odvod

la crème

krema

le déodorant

dezodorans

le miroir

ogledalo

le miroir cosmétique

kozmetičko ogledalo

le rasoir

brijač

la mousse à raser

pena za brijanje

l'après-rasage

losion za posle brijanja

la peigne

češalj

la brosse

četka

le sèche-cheveux

fen za kosu

la laque pour cheveux

sprej za kosu

le fond de teint

makeup

le rouge à lèvres

ruž za usne

le vernis à ongles

lak za nokte

l'ouate

vata

le coupe-ongles

makaze za nokte

le parfum

parfem

la trousse de toilette

kozmetička torbica

le tabouret

stolica

le pèse-personne

vaga

le peignoir

ogrtač

les gants de nettoyage

rukavice za čišćenje

le tampon

tampon

les serviettes hygiéniques

uložak

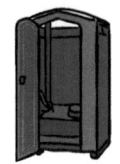

la toilette chimique

hemijski toalet

la chambre d'enfant

dečija soba

le réveil
budilnik
le doudou
plišana igračka
la voiture jouet
auto igračka
le hochet
zvečka
la maison de poupée
kućica za lutke
le cadeau
poklon

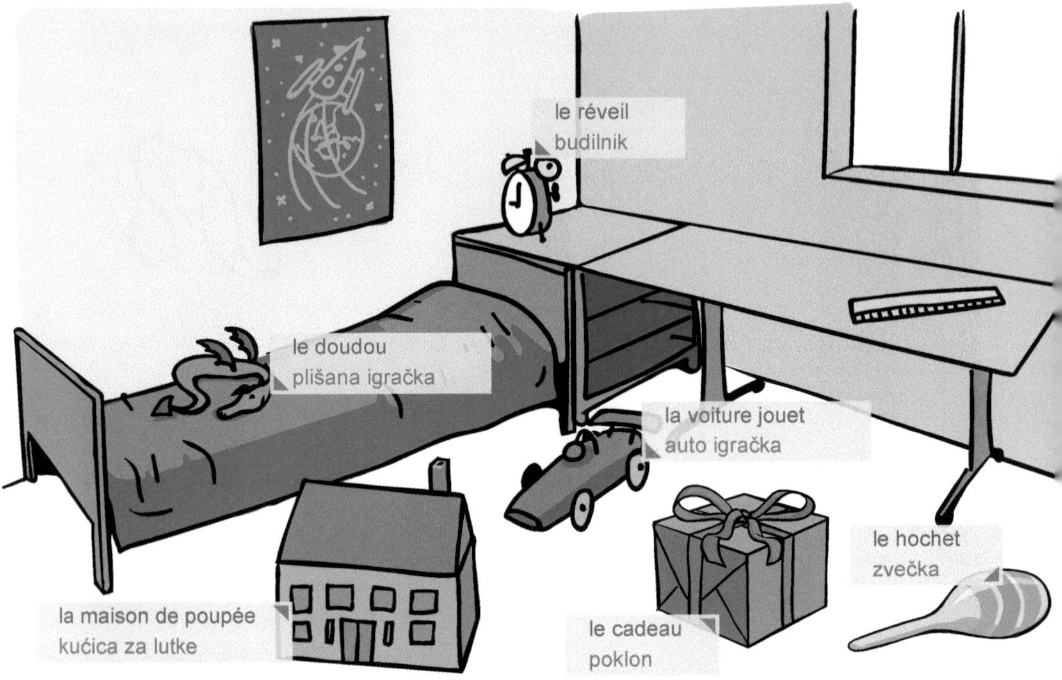

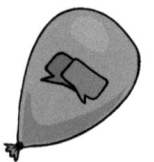

le ballon

balon

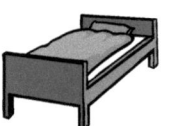

le lit

krevet

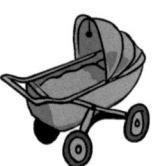

la poussette

dječija kolica

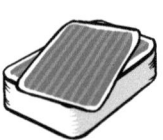

le jeu de cartes

igra s kartama

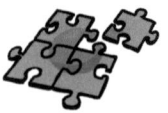

le puzzle

slagalica

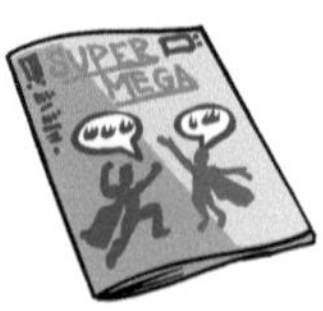

la bande dessinée

strip

les pièces lego

lego kockice

les blocs de construction

kockice za slaganje

la figurine

akcioni junak

la grenouillère

benkica za bebe

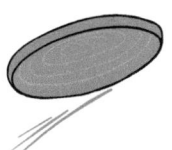

le frisbee

frizbi

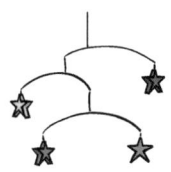

le mobile

viseće igračke

le jeu de société

društvene igre

le dé

kocka

le train miniature

minijaturna željeznica

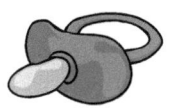

la sucette

duda

la fête

zabava

le livre d'images

slikovnica

la balle

lopta

la poupée

lutka

jouer

igrati

le bac à sable

pješčanik

la balançoire

ljuljačka

les jouets

igračka

la console de jeu

konzola za igre

le tricycle

tricikl

l'ours en peluche

tedi

l'armoire

ormar

les vêtements

odeća

les chaussettes

kratke čarape

les bas

čarape

le collant

hulahopke

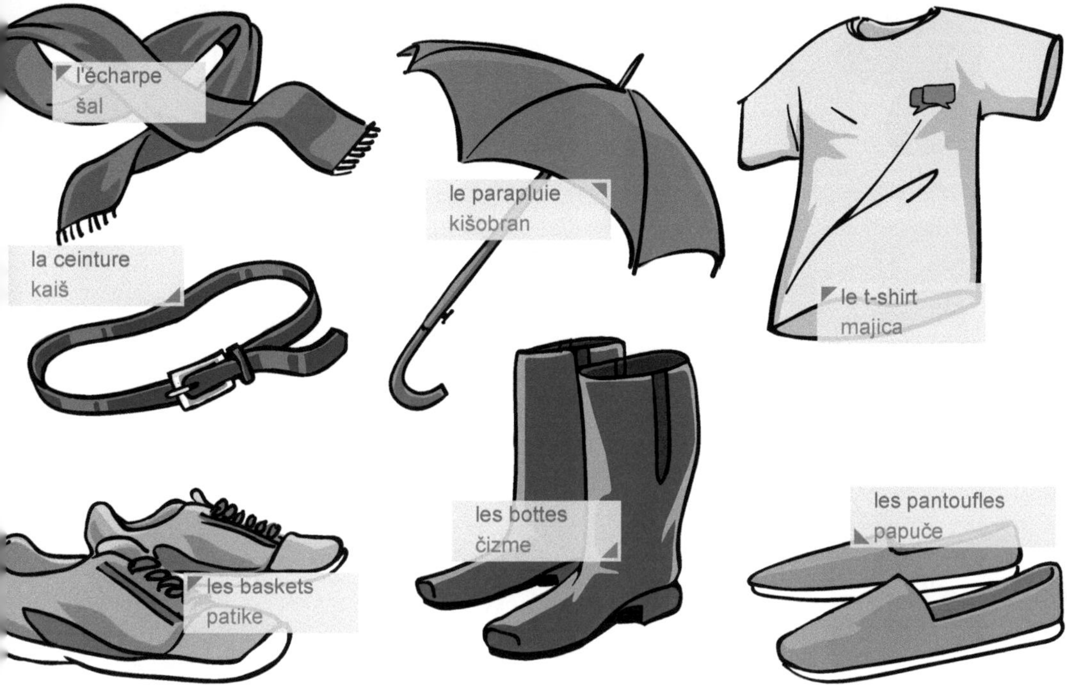

l'écharpe
šal

le parapluie
kišobran

le t-shirt
majica

la ceinture
kaiš

les bottes
čizme

les pantoufles
papuče

les baskets
patike

les sandales
....
sandale

les chaussures
....
cipele

les bottes de caoutchouc
....
gumene čizme

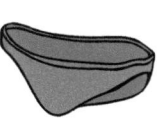

les sous-vêtements
....
gaćice

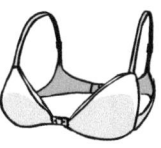

le soutien-gorge
....
grudnjak

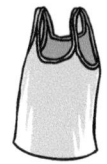

le maillot de corps
....
potkošulja

les vêtements - odeća

le body

bodi

le pantalon

pantalone

le jean

farmerke

la jupe

suknja

le chemisier

bluza

la chemise

košulja

le pull

džemper

le sweat à capuche

džemper s kapuljačom

la veste

sako

la veste

jakna

le manteau

kaput

l'imperméable

kabanica

le costume

kostim

la robe

haljina

la robe de mariée

venčanica

les vêtements - odeća

le costume

odelo

la chemise de nuit

spavaćica

le pyjama

pidžama

le sari

sari

le foulard

marama za glavu

le turban

turban

la burqa

burka

le caftan

kaftan

l'abaya

abaja

le maillot de bain

kupaći kostim

le maillot de bain

kupaće gaćice

le short

kratke pantalone

la tenue d'entraînement

odeća za trening

le tablier

kecelja

les gants

rukavice

le bouton
dugme

les lunettes
naočare

le bracelet
narukvica

le collier
ogrlica

la bague
prsten

la boucle d'oreille
naušnica

le bonnet
kapa

le cintre
vešalica

le chapeau
šešir

la cravate
kravata

la fermeture éclair
patent zatvarač

le casque
kaciga

les bretelles
naramenice

l'uniforme scolaire
školska uniforma

l'uniforme
uniforma

le bavoir

podbradak

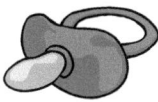

la sucette

duda

la lange

pelena

le bureau
kancelarija

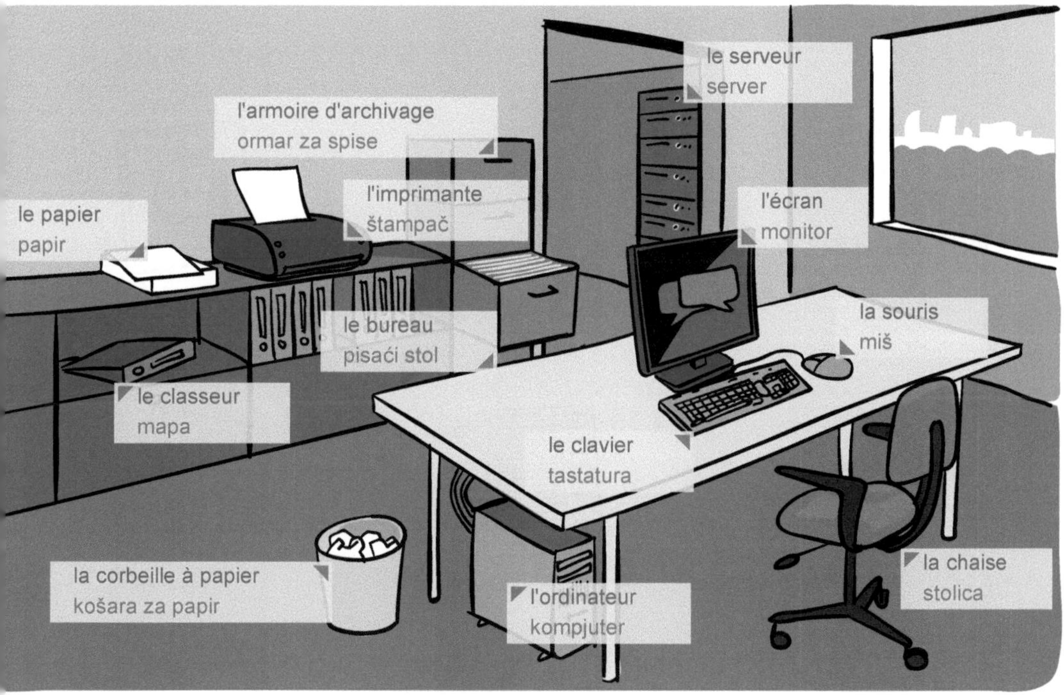

le serveur
server

l'armoire d'archivage
ormar za spise

l'imprimante
štampač

l'écran
monitor

le papier
papir

la souris
miš

le bureau
pisaći stol

le classeur
mapa

le clavier
tastatura

la corbeille à papier
košara za papir

l'ordinateur
kompjuter

la chaise
stolica

la tasse de café

šalica za kavu

la calculatrice

kalkulator

l'internet

internet

l'ordinateur portable

laptop

la lettre

pismo

le message

poruka

le portable

mobilni telefon

le réseau

mreža

la photocopieuse

uređaj za kopiranje

le logiciel

softver

le téléphone

telefon

la prise

utičnica

le fax

faks

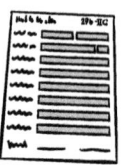

le formulaire

formular

le document

dokument

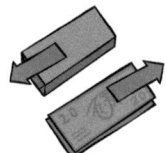

acheter

kupovati

payer

platiti

faire du commerce

trgovati

la monnaie

novac

le dollar

dolar

l'euro

evro

le yen

jen

le rouble

rublja

le franc suisse

švajcarski franak

le renminbi yuan

renmindbi juan

la roupie

rupija

le distributeur automatique

automat za novac

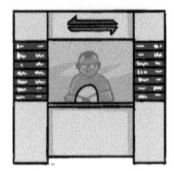

le bureau de change

menjačnica

l'or

zlato

l'argent

srebro

le pétrole

nafta

l'énergie

energija

le prix

cena

le contrat

ugovor

la taxe

porez

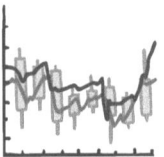

l'action

deonica

travailler

raditi

l'employé

službenik

l'employeur

poslodavac

l'usine

fabrika

le magasin

prodavnica

l'agent de police
policajac

le pompier
vatrogasac

le cuisinier
kuvar

le médecin
lekar

le pilote
pilot

le jardinier
vrtlar

le menuisier
stolar

la couturière
krojačica

le juge
sudija

le chimiste
hemičar

l'acteur
glumac

les professions - zanimanja

le conducteur de bus

vozač autobusa

le chauffeur de taxi

vozač taksija

le pêcheur

ribar

la femme de ménage

čistačica

le couvreur

krovopokrivač

le serveur

konobar

le chasseur

lovac

le peintre

slikar

le boulanger

pekar

l'électricien

električar

l'ouvrier

građevinski radnik

l'ingénieur

inženjer

le boucher

mesar

le plombier

limar

le facteur

poštar

le soldat

vojnik

l'architecte

arhitekta

le caissier

blagajnik

le fleuriste

cvećar

le coiffeur

frizer

le contrôleur

kondukter

le mécanicien

mehaničar

le capitaine

kapetan

le dentiste

zubar

le scientifique

naučnik

le rabbin

rabi

l'imam

imam

le moine

monah

le prêtre

svećenik

les outils
alati

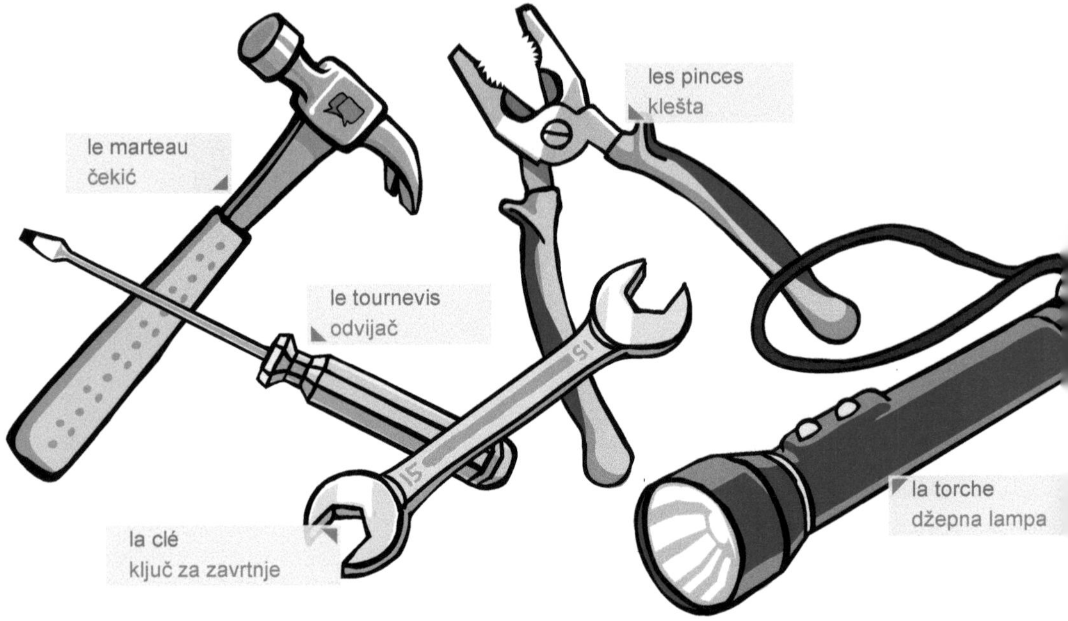

le marteau
čekić
les pinces
klešta
le tournevis
odvijač
la clé
ključ za zavrtnje
la torche
džepna lampa

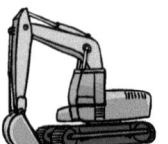

la pelleteuse

bager

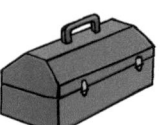

la boîte à outils

kutija za alat

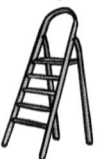

l'échelle

merdevine

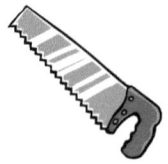

la scie

pila

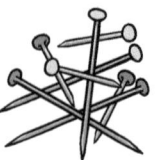

les clous

ekser

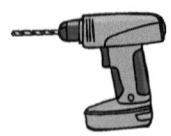

la perceuse

bušilica

réparer
popraviti

la pelle
lopata

Mince !
do đavola!

la pelle
lopatica

le pot de peinture
lonac za boju

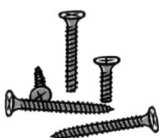

les vis
zavrtanji

les instruments de musique
muzički instrument

le haut-parleurs
zvučnik

la batterie
bubnjevi

la guitare
gitara

la contrebasse
kontrabas

la trompette
truba

le piano

klavir

le violon

violina

la basse

bas

les timbales

timpani

le tambour

udaraljke za bubnjeve

le piano électrique

tipke klavira

le saxophone

saksofon

la flûte

flauta

le microphone

mikrofon

le zoo
zoološki vrt

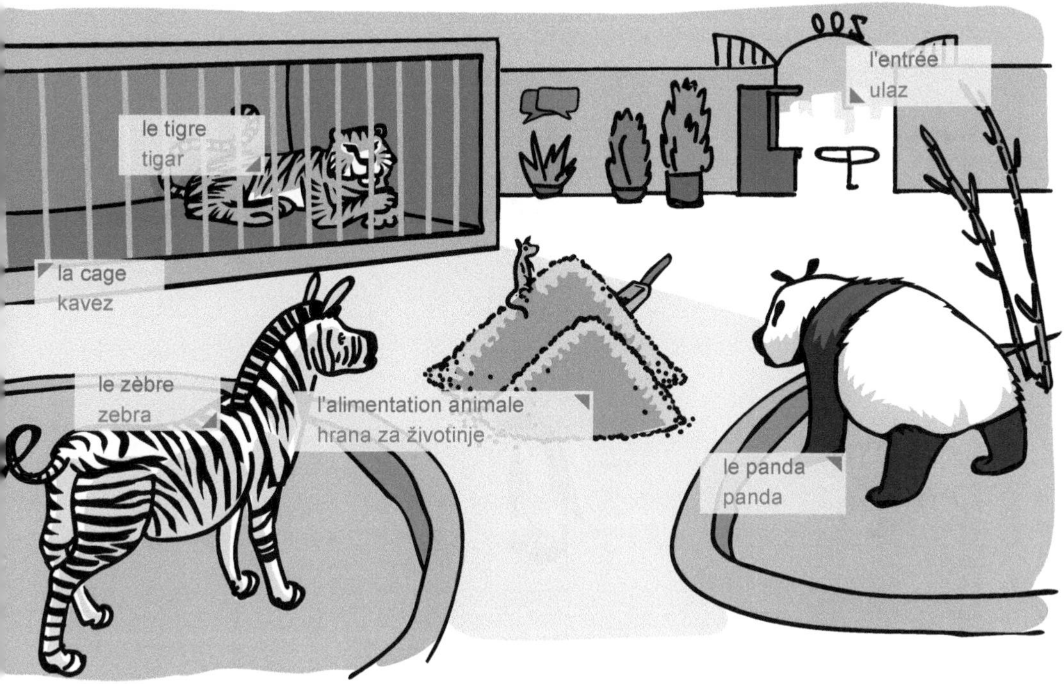

l'entrée
ulaz
le tigre
tigar
la cage
kavez
le zèbre
zebra
l'alimentation animale
hrana za životinje
le panda
panda

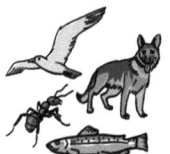

les animaux

životinje

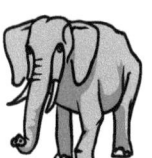

l'éléphant

slon

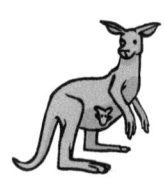

le kangourou

kengur

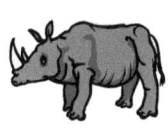

le rhinocéros

nosorog

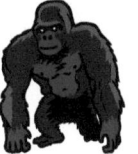

le gorille

gorila

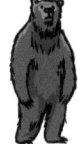

l'ours

medved

le chameau

kamila

l'autruche

noj

le lion

lav

le singe

majmun

le flamand rose

flamingo

le perroquet

papagaj

l'ours polaire

polarni medved

le pingouin

pingvin

le requin

ajkula

le paon

paun

le serpent

zmija

le crocodile

krokodil

le gardien de zoo

čuvar u zoološkom vrtu

le phoque

tuljan

le jaguar

jaguar

le poney

poni

le léopard

leopard

l'hippopotame

nilski konj

la girafe

žirafa

l'aigle

orao

le sanglier

divlja svinja

le poisson

riba

la tortue

kornjača

le morse

morž

le renard

lisica

la gazelle

gazela

l'american Football
američki nogomet

le cyclisme
biciklizam

le tennis
tenis

le basket-ball
košarka

la natation
plivanje

la boxe
boks

le hockey sur glace
hokej na ledu

le football
fudbal

le badminton
badminton

l'athlétisme
atletika

le handball
rukomet

le ski
skijanje

le polo
polo

les activités
aktivnosti

sauter
skočiti
embrasser
zagrliti
rire
smejati se
marcher
ići
chanter
pevati
rêver
sanjati
prier
moliti se
faire la bise
poljubiti

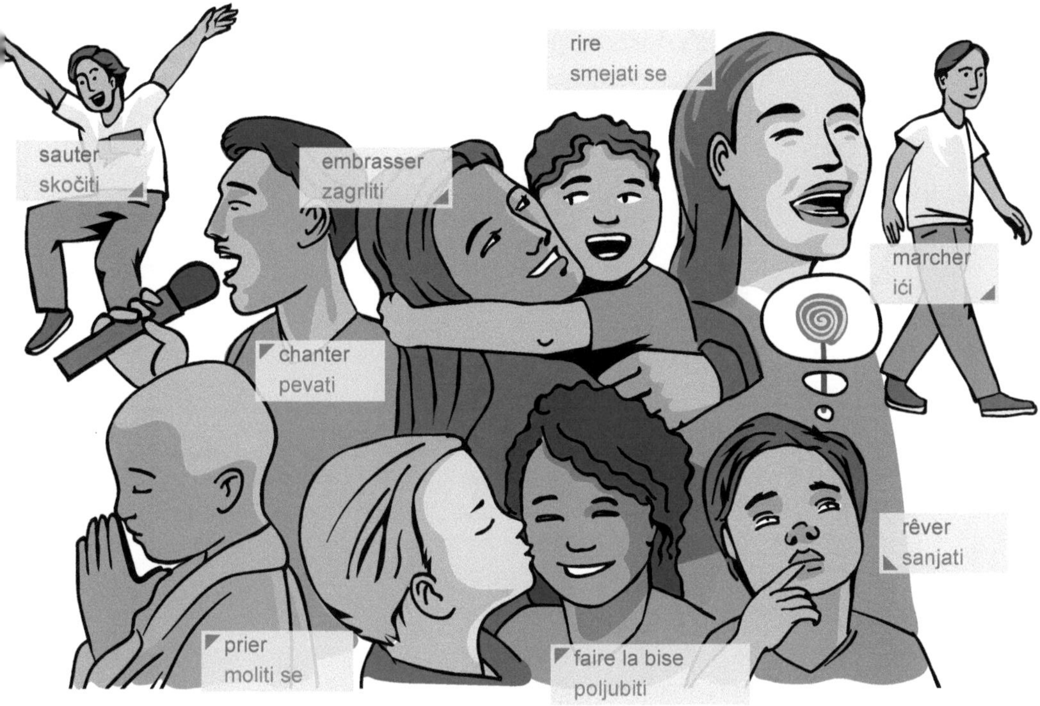

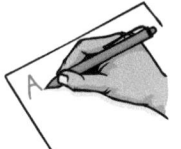

écrire

pisati

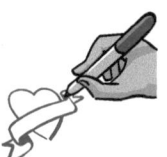

dessiner

crtati

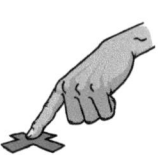

montrer

pokazati

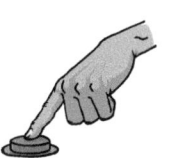

pousser

gurati

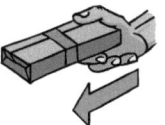

donner

dati

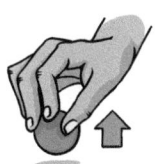

prendre

uzeti

avoir

imati

faire

činiti

être

biti

être debout

stojati

courir

trčati

trier

povlačiti

jeter

baciti

tomber

padati

être couché

ležati

attendre

čekati

porter

nositi

être assis

sediti

s'habiller

oblačiti

dormir

spavati

se réveiller

probuditi se

64   les activités - aktivnosti

regarder

gledati

pleurer

plakati

caresser

milovati

peigner

češljati

parler

govoriti

comprendre

razumeti

demander

pitati

écouter

slušati

boire

piti

manger

jesti

ranger

pospremiti

aimer

voleti

cuire

kuhati

conduire

voziti

voler

leteti

les activités - aktivnosti

faire de la voile

ploviti

calculer

računati

lire

čitati

apprendre

učiti

travailler

raditi

se marier

venčati se

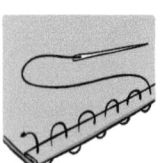

coudre

šiti

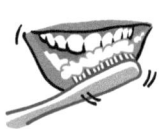

brosser les dents

prati zube

tuer

ubiti

fumer

pušiti

envoyer

poslati

la famille
porodica

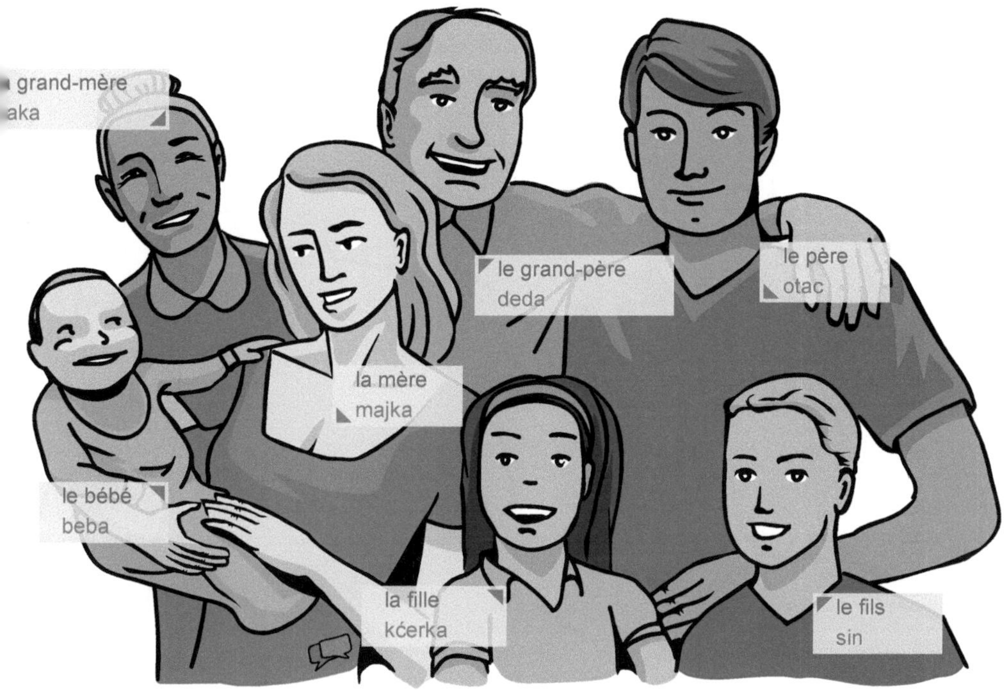
grand-mère
aka
le grand-père
deda
le père
otac
la mère
majka
le bébé
beba
la fille
kćerka
le fils
sin

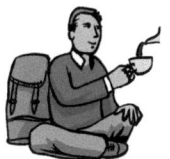

l'hôte

gost

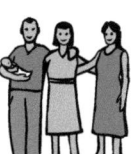

la tante

tetka

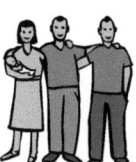

l'oncle

ujak, stric

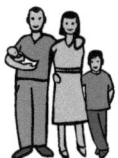

le frère

brat

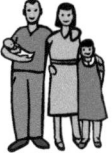

la sœur

sestra

le corps
telo

le front
čelo
l'œil
oko
l'épaule
rame
le doigt
prst
le visage
lice
le menton
brada
la main
ruka
la jambe
noga
la poitrine
grudi
le bras
ruka

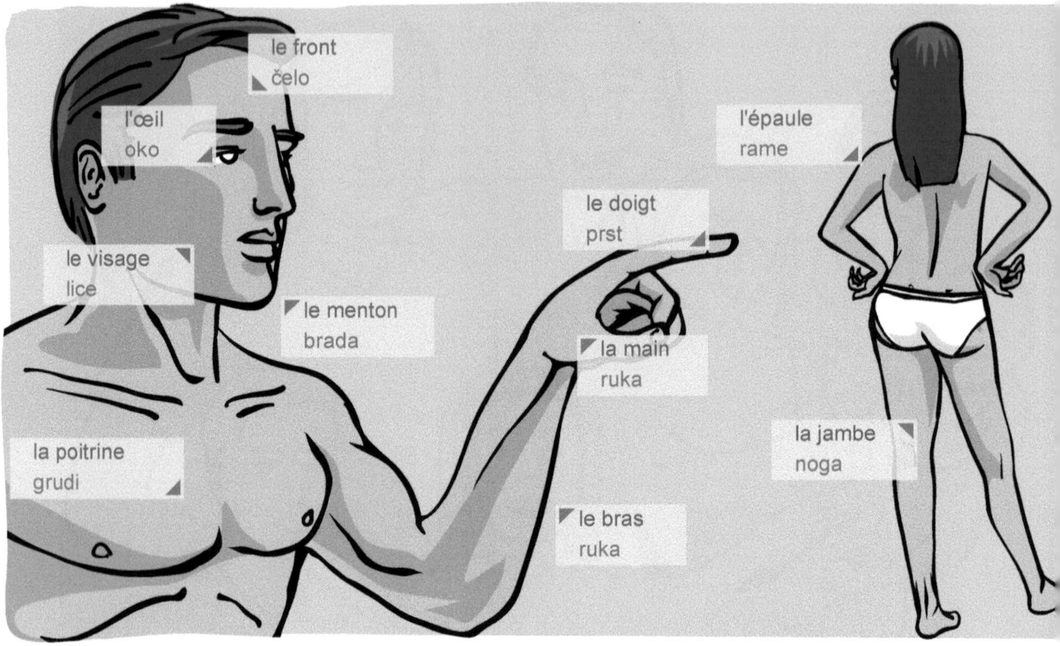

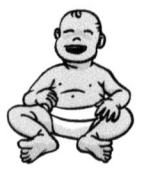

le bébé

beba

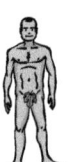

l'homme

muškarac

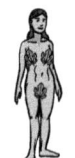

la femme

žena

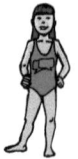

la fille

devojčica

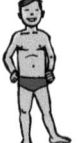

le garçon

dečak

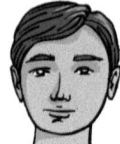

la tête

glava

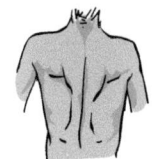

le dos
leđa

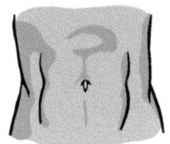

le ventre
stomak

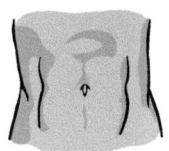

le nombril
pupak

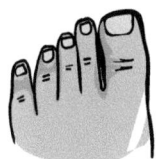

l'orteil
nožni prst

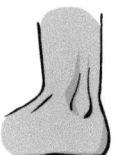

le talon
peta

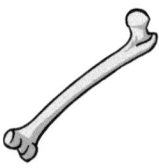

l'os
kost

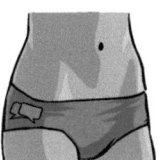

la hanche
kukovi

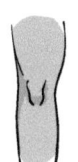

le genou
koleno

le coude
lakat

le nez
nos

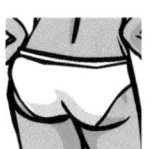

les fesses
zadnjica

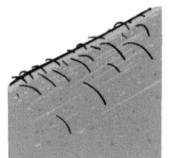

la peau
koža

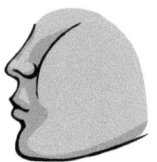

la joue
obraz

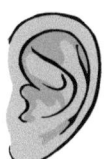

l'oreille
uvo

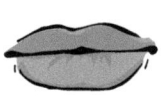

la lèvre
usna

la bouche

usta

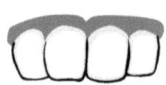

la dent

zub

la langue

jezik

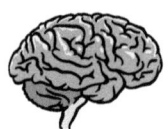

le cerveau

mozak

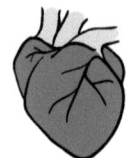

le cœur

srce

le muscle

mišić

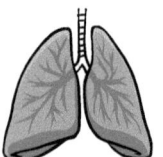

les poumons

pluća

le foie

jetra

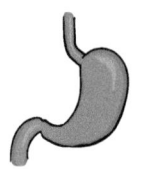

l'estomac

želudac

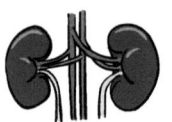

les reins

bubrezi

le rapport sexuel

polni odnos

le préservatif

kondom

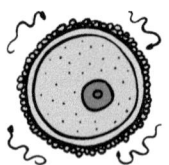

l'ovule

jajna ćelija

le sperme

sperma

la grossesse

trudnoća

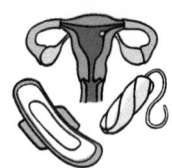

la menstruation

menstruacija

le vagin

vagina

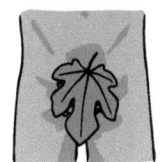

le pénis

penis

le sourcil

obrva

les cheveux

kosa

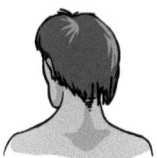

le cou

vrat

l'hôpital
bolnica

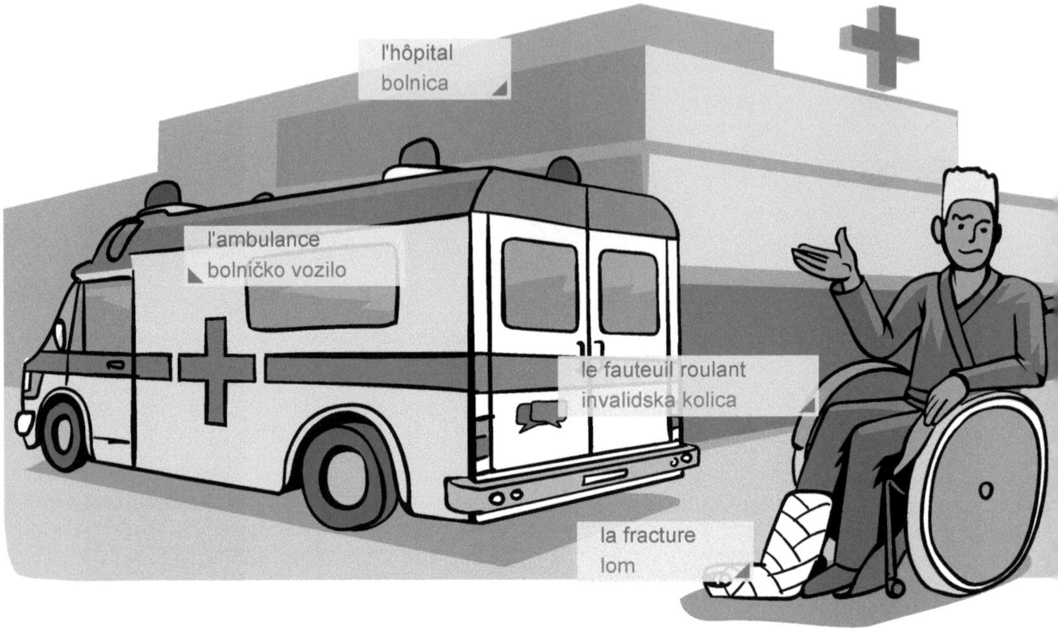

l'hôpital
bolnica
l'ambulance
bolničko vozilo
le fauteuil roulant
invalidska kolica
la fracture
lom

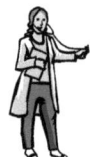

le médecin

lekar

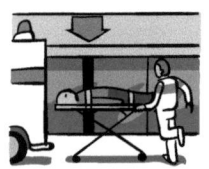

le service des urgences

hitna medicinska služba

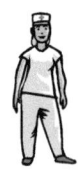

l'infirmière

medicinska sestra

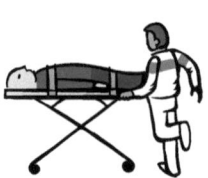

l'urgence

hitni slučaj

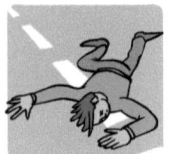

inconscient

nesvest

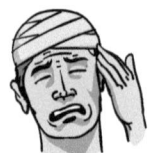

la douleur

bol

la blessure

povreda

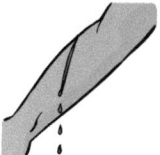

l'hémorragie

krvarenje

la crise cardiaque

srčani udar

l'attaque cérébrale

udar

l'allergie

alergija

la toux

kašalj

la fièvre

groznica

la grippe

gripa

la diarrhée

proliv

le mal de tête

glavobolja

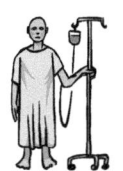

le cancer

rak

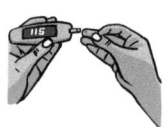

le diabète

dijabetes

le chirurgien

hirurg

le scalpel

skalpel

l'opération

operacija

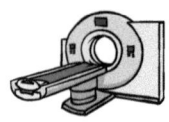

le CT

ct

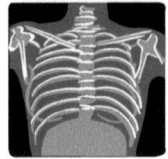

la radiographie

rentgen

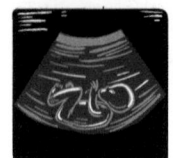

l'échographie

ultrazvuk

le masque

maska

la maladie

bolest

la salle d'attente

čekaona

la béquille

štaka

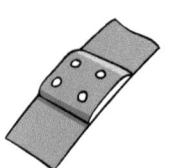

le pansement

flaster

le pansement

zavoj

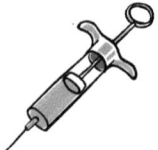

l'injection

injekcija

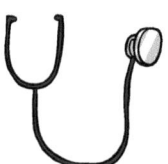

le stéthoscope

stetoskop

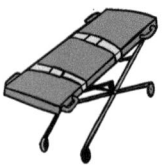

le brancard

nosila

le thermomètre

termometar

l'accouchement

rođenje

la surcharge pondérale

prekomerna težina

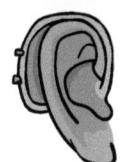

l'appareil auditif

slušni aparat

le désinfectant

sredstvo za dezinfekciju

l'infection

infekcija

le virus

virus

le VIH / le sida

HIV / AIDS

le médicament

medicina

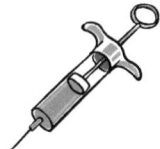

la vaccination

vakcinacija

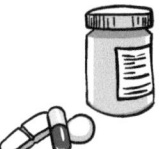

les comprimés

tablete

la pilule

pilula

l'appel d'urgence

hitni poziv

le tensiomètre

uređaj za merenje pritiska

malade / sain

bolesno / zdravo

Au secours !

pomoć!

l'alarme

alarm

l'assaut

nasrtaj

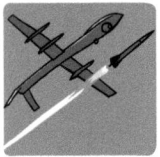

l'attaque

napad

le danger

opasnost

la sortie de secours

izlaz u slučaju nužde

Au feu!

požar!

l'extincteur

protivpožarni aparat

l'accident

nezgoda

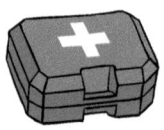

la trousse de premier secours

kutija prve pomoći

SOS

sos

la police

policija

l'Europe

Evropa

l'Amérique du Nord

Severna Amerika

l'Amérique du Sud

Južna Amerika

l'Afrique

Afrika

l'Asie

Azija

l'Australie

Australija

l'Océan atlantique

Atlantik

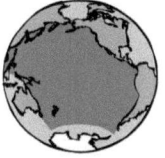

l'Océan pacifique

Pacifik

l'Océan indien

Indijski okean

l'Océan antarctique

Antarktički okean

l'Océan arctique

Arktički ocean

le Pôle nord

Severni pol

le Pôle sud

Južni pol

l'Antarctique

Antarktik

la terre

zemlja

le pays

zemlja

la mer

more

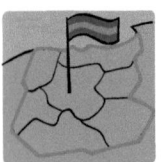

l'île

otok

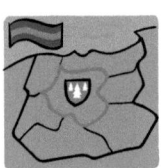

la nation

nacija

l'état

država

le cadran

brojčanik sata

l'aiguille des heures

satna kazaljka

l'aiguille des minutes

minutna kazaljka

l'aiguille des secondes

sekundna kazaljka

Quelle heure est-il ?

Koliko je sati?

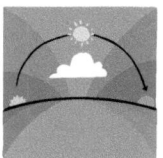

le jour

dan

le temps

vreme

maintenant

sada

la montre digitale

digitalni sat

la minute

minuta

l'heure

čas

la semaine

sedmica

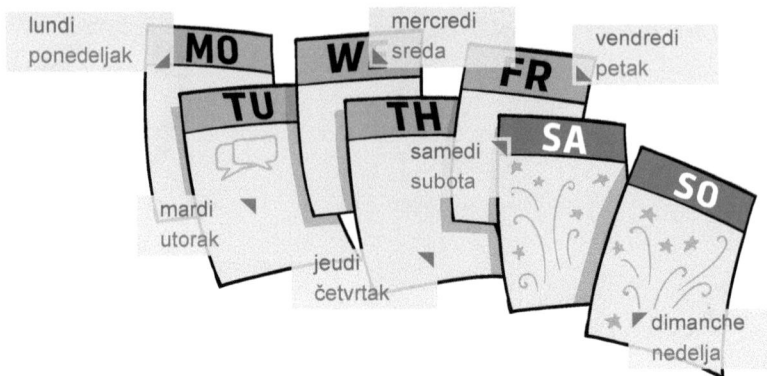

lundi / ponedeljak — MO
mardi / utorak — TU
mercredi / sreda — W
jeudi / četvrtak — TH
vendredi / petak — FR
samedi / subota — SA
dimanche / nedelja — SO

hier
juče

aujourd'hui
danas

demain
sutra

le matin
jutro

le midi
podne

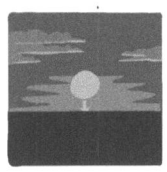

le soir
veče

les jours ouvrables
radni dani

le week-end
vikend

la pluie
kiša

l'arc-en-ciel
duga

le vent
vetar

la neige
sneg

le printemps
proleće

l'été
leto

l'automne
jesen

l'hiver
zima

4.APRIL	11°	☀
5.APRIL	4°	☁
6.APRIL	13°	☔
7.APRIL	8°	❄
8.APRIL	10°	☀

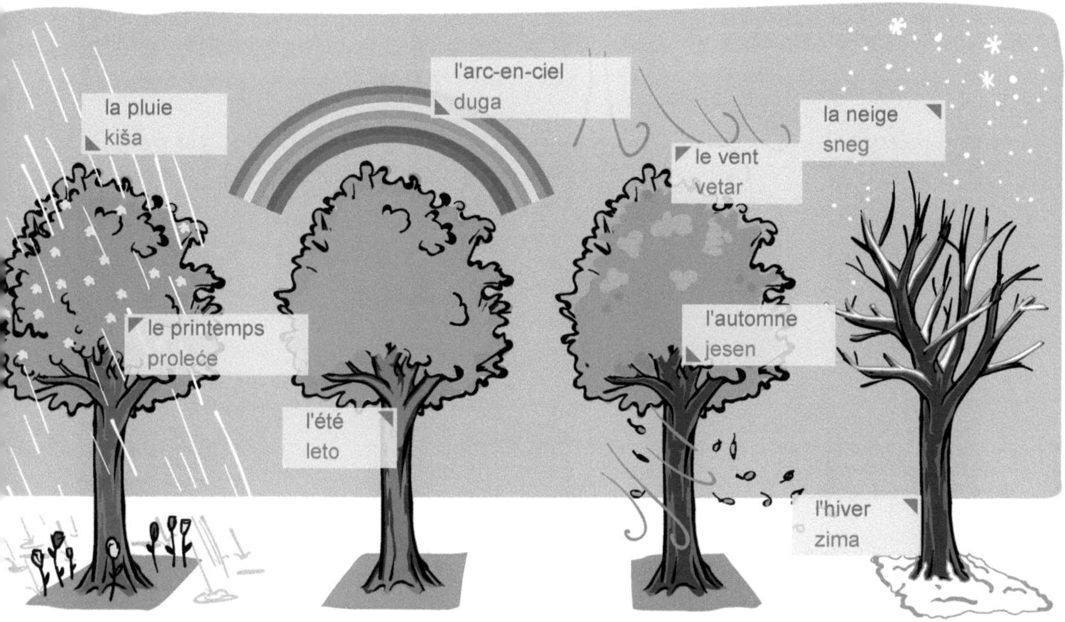

la météo

meteorološka prognoza

le thermomètre

termometar

la lumière du soleil

sunčana svetlost

le nuage

oblak

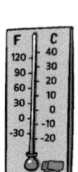

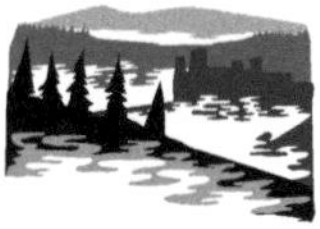

le brouillard

magla

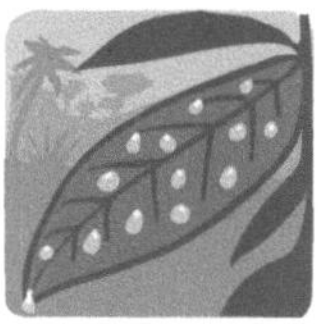

l'humidité

vlažnost vazduha

la foudre
munja

la tonnerre
grmljavina

la tempête
oluja

la grêle
tuča

la mousson
monsun

l'inondation
poplava

la glace
led

janvier
januar

février
februar

mars
mart

avril
april

mai
maj

juin
juni

juillet
juli

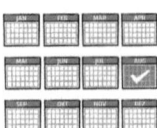

août
avgust

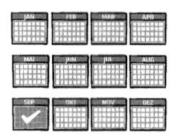

septembre
septembar

octobre
oktobar

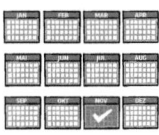

novembre
novembar

décembre
decembar

les formes
oblici

le cercle
krug

le carré
kvadrat

le rectangle
pravougao

le triangle
trougao

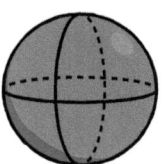

la sphère
kugla

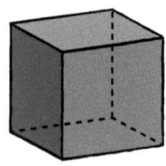

le cube
kocka

blanc

bela

jaune

žuta

orange

narandžasta

rose

ružičasta

rouge

crvena

violet

ljubičasta

bleu

plava

vert

zelena

marron

smeđa

gris

siva

noir

crna

beaucoup / peu

mnogo / malo

fâché / calme

ljutito / mirno

joli / laid

lepo / ružno

le début / la fin

početak / kraj

grand / petit

veliko / maleno

clair / obscure

svetlo / tamno

frère / soeur

brat / sestra

propre / sale

čisto / prljavo

complet / incomplet

potpuno / nepotpuno

le jour / la nuit

dan / noć

mort / vivant

mrtvo / živo

large / étroit

široko / usko

comestible / incomestible

jestivo / nejestivo

méchant / gentil

zlo / dobro

excité / ennuyé

uzbuđeno / dosadno

gros / mince

debelo / mršavo

le premier / le dernier

na početku / na kraju

l'ami / l'ennemi

prijatelj / neprijatelj

plein / vide

puno / prazno

dur / souple

tvrdo / mekano

lourd / léger

teško / lagano

faim / soif

glad / žeđ

malade / sain

bolesno / zdravo

illégal / légal

ilegalno / legalno

intelligent / stupide

pametno / glupo

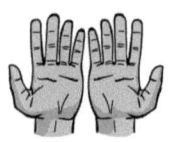

gauche / droite

levo / desno

proche / loin

blizu / daleko

nouveau / usé

novo / polovno

rien / quelque chose

ništa / nešto

vieux / jeune

staro / mlado

marche / arrêt

uključeno / isključeno

ouvert / fermé

otvoreno / zatvoreno

faible / fort

tiho / glasno

riche / pauvre

bogato / siromašno

correct / incorrect

tačno / pogrešno

rugueux / lisse

hrapavo / glatko

triste / heureux

tužno / sretno

court / long

kratko / dugo

lent / rapide

polako / brzo

mouillé / sec

mokro / suho

chaud / froid

toplo / hladno

la guerre / la paix

rat / mir

0	**1**	**2**
zéro	un / une	deux
nula	jedan	dva

3	**4**	**5**
trois	quatre	cinq
tri	četiri	pet

6	**7**	**8**
six	sept	huit
šest	sedam	osam

9	**10**	**11**
neuf	dix	onze
devet	deset	jedanaest

12
douze
dvanaest

13
treize
trinaest

14
quatorze
četrnaest

15
quinze
petnaest

16
seize
šestnaest

17
dix-sept
sedamnaest

18
dix-huit
osamnaest

19
dix-neuf
devetnaest

20
vingt
dvadeset

100
cent
stotinu

1.000
mille
hiljadu

1.000.000
le million
milion

l'anglais

engleski

l'anglais américain

američki engleski

le chinois mandarin

mandarinski kineski

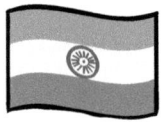

le hindi

hindski

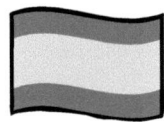

l'espagnol

španski

le français

francuski

l'arabe

arapski

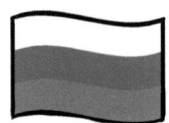

le russe

ruski

le portugais

portugalski

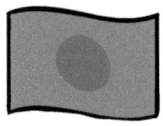

le bengali

bengalski

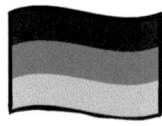

l'allemand

nemački

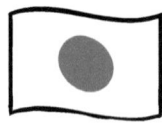

le japonais

japanski

je
ja

tu
ti

il / elle / ce, c', cela
on / ona / ono

nous
mi

vous
vi

ils / elles
oni

Qui ?
Ko?

Quoi ?
Šta?

Comment ?
Kako?

Où ?
Gde?

Quand ?
Kada?

le nom
ime

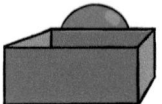

derrière

iza

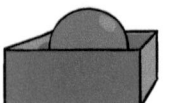

dans

u

devant

ispred

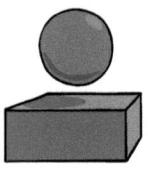

au-dessus

preko

sur

na

en-dessous

ispod

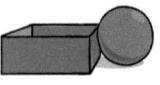

à côté de

pored

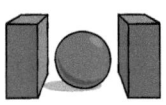

entre

između

le lieu

mesto